Udo Grashoff

Waldsterben

Inhaltsverzeichnis

Waldsterben

Stirbt der Wald? Anfang der 1980er-Jahre zog diese bange Frage die bundesdeutsche Medienöffentlichkeit in ihren Bann. Die Debatte um das vermeintliche »Waldsterben« gehörte zweifellos zu den wichtigsten Krisendiskursen der Bonner Republik: »Kaum ein anderes Umweltproblem ist in der bundesdeutschen Geschichte mit ähnlicher Intensität diskutiert worden«, schreiben die Umwelthistoriker Kenneth Anders und Frank Uekötter in einem Buch über die »Geschichte falscher Ökoalarme«.

Eine zentrale Rolle spielte die Vorstellung, Ökosysteme könnten Belastungen nur bis zu einem gewissen Grad abfedern, ab einem bestimmten Punkt drohten sie dann aber plötzlich und unwiderruflich zu »kippen«, also zu kollabieren. Wenn die Zahl der geschädigten Bäume zu hoch sei, würde der ganze Wald sterben, warnten Umweltschützer. Im Begriff des Waldsterbens kam also die Angst vor einem großflächigen Absterben von Bäumen aller Baumarten aufgrund zunehmender Luftverschmutzung zum Ausdruck.

Das Waldsterben war im Kern eine deutsche Angelegenheit. Zwar wurden zu dieser Zeit auch in anderen Regionen der Welt »neuartige Waldschäden« beobachtet, aber den Begriff des »Waldsterbens« gab es nur im deutschsprachigen Raum. Und nirgendwo fand das apokalyptische Szenario stärkere Resonanz als in Deutschland. Auf dem Höhepunkt der Debatte glaubten 53 Prozent der in einer Umfrage kontaktierten Bundesbürger, dass im Jahr 2000 alle Wälder abgestorben seien.

Die folgende Darstellung blickt zurück auf dieses bemerkenswerte mediale Umweltereignis, auf die Akteure und ihre Argumente. Wie konnte es dazu kommen, dass zahlreiche

Stark geschädigter Wald im damaligen Bezirk Karl-Marx-Stadt, Dezember 1989.

Wissenschaftler, Journalisten und Politiker, und auch große Teile der bundesdeutschen Bevölkerung für mehrere Jahre im Bann eines übertriebenen Untergangsszenarios standen?

Vorgeschichte

Vollkommen neu waren die Anfang der 1980er-Jahre in deutschen Wäldern beobachteten Schäden nicht. Mit dem Konzept des »Waldsterbens« wurden lediglich seit längerem bekannte Phänomene der Schädigung insbesondere von Nadelbäumen neu interpretiert und dramatisiert. Bereits um 1850 hatten an der Forstakademie Tharandt bei Dresden erste Untersuchungen zur Wirkung von Rauchgasen auf Pflanzen stattgefunden. Der Chemiker Julius Adolf Stöckardt hatte nachgewiesen, dass Schwefeldioxid die Blätter schädigte. Die Forstbeamten Julius von Schröder und Carl Reuss hatten geschädigte Bäume im Harz kartiert und ihre Forschungsergebnisse 1883 in dem Buch »Die Beschädigung der Vegetation durch Rauch und die Oberharzer Hüttenrauchschäden« veröffentlicht.

Allerdings gab es im 19. Jahrhundert noch Unsicherheit bei der Erklärung der Ursachen: Vergilbte Blätter, gerötete Nadeln oder Kümmerwuchs von Bäumen konnten durch Luftverschmutzung hervorgerufen worden sein, aber auch durch andere Faktoren. Daher beriefen sich die Betreiber von Hüttenbetrieben oft auf Gegengutachten, die die unsichere Forschungslage betonten. Immissionsbedingte Waldschäden galten damals ohnehin vor allem als wirtschaftliches Problem einiger weniger Waldbesitzer. Von Waldsterben sprach damals niemand. Das lag auch daran, dass die geschädigte Fläche gering war. Spätestens mit der Zahlung von Entschädigungen galt die Sache als erledigt.

Im Fokus der Kritik standen zu dieser Zeit auch nur die Hüttenbetriebe. Die Kohleverbrennung, die je nach Qualität recht große Mengen Schwefeldioxid emittierte, wurde kaum beachtet. Immer höher gebaute Schornsteine trugen zudem zunächst dazu bei, die Emissionen weit zu verteilen. Erst in den 1960er-Jahren reifte die Erkenntnis, dass der Rauch auch in weiter entfernten Regionen Schäden verursachte.

Zwar hatte sich schon in den 1920er-Jahren ein ganzheitlicheres Verständnis des Waldes angedeutet. So sah der württembergische Forstmeister und Naturschützer Otto Feucht als einer der ersten in den Waldschäden ein Problem für die Gesellschaft. Feucht führte die Waldschäden auf industrielle Vergiftung des Waldbodens und seines Kleinlebens durch die Rauchgase und ihre Säuren zurück und rief zur Abkehr vom reinen Nadelwald auf. Auch der Begriff »Waldsterben« wurde, so der Historiker Martin Bemmann, bereits im Jahr 1922 geprägt. Eine Debatte löste das damals allerdings nicht aus.

Wikipedia

Lokomotivfabrik von August Borsig, um 1847.

Neue Deutungsmuster um 1970

Erst um 1970 wurde die Schädigung von Bäumen als Umweltproblem größerer Tragweite wahrgenommen. Dem Soziologen Ulrich Beck zufolge entstand zu dieser Zeit ein neuer Typus von Umweltproblemen. Diese neuartigen Umweltprobleme waren erstens nicht mehr lokal begrenzt, sondern überregional, zweitens waren sie nicht unmittelbar mit dem menschlichen Auge zu erkennen, sondern bedurften der Vermittlung durch Wissenschaftler, drittens waren sie so komplex, dass es unmöglich war, einfach Ursache-Wirkungs-Mechanismen nachzuweisen, und viertens war ihre Bedeutung uneindeutig, das heißt, man wusste nie genau, wie schädlich die beobachteten Phänomene wirklich waren, weshalb die Umweltprobleme öffentliche Debatten nahezu herausforderten.

Das Waldsterben schien so ein neuartiges Umweltproblem zu sein. Hier flossen, so die Historikerin Birgit Metzger,»Beobachtungen von Veränderungen an Waldbäumen und neue naturwissenschaftliche Erkenntnisse über die großräumige Verbreitung und Auswirkung von Luftschadstoffen mit dem ganzheitlichen Deutungsangebot der Ökosystemtheorie zusammen«. Die neue wissenschaftliche Sichtweise ergab sich also zum einen daraus, dass die Wissenschaft Umwelt zunehmend als Öko-System begriff. Damit wurde eine gerade in Mode gekommene Theorie auf neue empirische Befunde angewendet.

Zum anderen war das Konzept des Waldsterbens anschlussfähig an die allgemeine Krisenstimmung und Fortschrittsskepsis der für ökologische Probleme sensibilisierten bundesdeutschen Gesellschaft. Hier gab es bereits, so der Historiker Tobias Huff, eine Arena, in der latente Zukunftsangst auf hochemotionale und teilweise irrationale Weise verhandelt werden konnte.

Tote Bäume auf dem *Großen Rachel* in Bayern.

Horror-Szenarien

Die durch die Bundesregierung um 1970 eingeleitete und dann von zahlreichen Bürgerinitiativen und ab 1980 durch die »Grünen« vorangetriebene ökologische Bewusstseinswende bot den Rahmen dafür, Schäden an Bäumen als Symptome einer generellen Schädigung des Ökosystems Wald zu verstehen und übertriebene Horror-Szenarien zu entwickeln. Die Debatte über das Waldsterben wurde jedoch weder durch die »Grünen« noch durch Bürgerinitiativen angeschoben, die sich zu dieser Zeit vor allem gegen Atomkraft engagierten. Das »Waldsterben« war auch keine Erfindung von Sensationsjournalisten, wenngleich eine dreiteilige Serie im Nachrichtenmagazin »Der Spiegel« oft als Auslöser der Debatte bezeichnet wird. Der »Spiegel« berief sich in dieser Serie auf wissenschaftliche Autoritäten, die bereits zuvor den Boden für die Debatte bereitet hatten. Das waren zum einen der Münchner Forstbotanik-Professor Peter Schütt, der bereits am 26. April 1981 gegenüber der »Welt am Sonntag« geäußert hatte: »Wenn es so weitergeht, dann stirbt der Wald.« Eine zweite wissenschaftliche Autorität war Bernhard Ulrich, Direktor des Instituts für Bodenkunde und Walderährung der Universität Göttingen. Auch er schlug bereits vorher Alarm. Am 10. Oktober 1981 sagte er dem »Hamburger Abendblatt«: »Die ersten großen Wälder werden schon in den nächsten fünf Jahren sterben. Spätestens nach dem nächsten heißen Sommer. Sie sind nicht mehr zu retten.«

Die nicht nur von den beiden genannten, sondern auch von anderen Wissenschaftlern geäußerten Zukunftsängste waren nicht unbegründet. So wurden in den 1970er-Jahren insbesondere bei Tannen Schäden beobachtet, deren Ausmaß bedrohlich zu sein schien, weil erstens im Unterschied zu früheren

Krankheitswellen nicht nur alte, sondern auch jüngere Bäume betroffen waren, zweitens die Symptome auf allen Standorten der Tanne auftraten und drittens manche Bäume in sehr kurzer Zeit abstarben. Hierfür war keine direkte Ursache auszumachen, denn die geschädigten Bäume befanden sich keineswegs in direkter Nachbarschaft zu Industrieanlagen, sondern in so genannten »Reinluftgebieten«.

Bernhard Ulrich vertrat die These, dass das »Tannensterben« nicht unmittelbar durch Luftverschmutzung, sondern indirekt durch Versauerung der Böden bewirkt worden sei. Er spekulierte, dass der saure Regen eine Herauslösung von Schwermetallen wie etwa Aluminium aus den Böden bewirkt haben könnte, welche die Tannen vergiftet hatten. Nicht alle Fachkollegen stimmten hier zu, so wies der Münchner Professor für Bodenkunde Karl Eugen Rehfuess darauf hin, dass bereits in früheren Jahrzehnten versauerte Böden registriert worden waren, ohne starke Schäden zu bewirken, und dass bisher keine Baumschäden durch Aluminium nachgewiesen worden seien. Daher tendierten viele Wissenschaftler dazu, erst mal noch ein paar Jahre länger zu forschen, bevor Maßnahmen ergriffen werden sollten. Im Verlauf des Jahres 1980 verstärkten jedoch Schütt und Ulrich auf Tagungen und in Veröffentlichungen ihre Warnungen. Im folgenden Jahr entstanden mehrere Gutachten im Auftrag von Politikern sowie anerkannten Institutionen wie der nordrhein-westfälischen »Landesanstalt für Ökologie, Landschaftsentwicklung und Forstplanung«, die den Verdacht neuartiger Waldschäden durch Luftverschmutzung zu bestätigen schienen. Die Journalisten des »Spiegel« verhalfen dann im November 1981 mit der Serie »Saurer Regen über Deutschland: Der Wald stirbt« der Idee eines Waldsterbens zum Durchbruch. Birgit Metzger zufolge machten die »Spiegel«-Autoren das so gut, »dass sie damit einen Stand des Wissens und einen Referenzpunkt für die Öffentlichkeit schufen, auf den auch später immer wieder verwiesen wurde.«

Es dauerte trotzdem noch ein Jahr, bis die Debatte richtig in Fahrt kam. Dann aber produzierten bundesdeutsche

picture-alliance/dpa, 13756270, Holger Hollemann

Bundespräsident Richard von Weizsäcker (Mitte) informiert sich am 11. Oktober 1989 in Schulenburg im Harz über die Waldschäden.

Journalisten apokalyptische Übertreibungen am Fließband. Der »Stern« sprach am 24. März 1983 von einem »gewaltigen Todesschub«, zwei der sieben Millionen Hektar deutschen Waldes seien unheilbar krank oder schon abgestorben, die Höhenzüge des Harzes würden sich zu einer Mondlandschaft entwickeln. »Erst stirbt der Wald, dann stirbt der Mensch« wurde zu einem zentralen Leitspruch. Der »Spiegel« zitierte am 14. Februar 1983 den SPD-Bundestagsabgeordneten Freimut Duve, der im Waldsterben ein »ökologisches Hiroshima« sah. Selbst Holocaust-Vergleiche wurden angestellt.

Heute muten solche Übertreibungen grotesk an. Im Rückblick wird klar, dass der »Wald« für die Journalisten ein medialer Platzhalter war. Kein Reporter recherchierte vor Ort, selten wurde der Wald als reales Ökosystem und zumeist nur pauschal als Klischee beschworen. Auch der Umstand, dass es sich bei den meisten Wäldern um menschengemachte

Bundesarchiv, Bild 210-108, Maus, Burkhard; Bösel, Philipp J.

Graffitis an der Berliner Mauer in der Heidelberger Straße, West-Berlin 1984.

Monokulturen handelte, spielte in der Debatte kaum eine Rolle. Stattdessen wurde der Wald mit dem Begriff des Waldsterbens in die Nähe eines todkranken Patienten gerückt. Diese Metapher ignorierte die Tatsache, dass es sich bei den meisten Rauchschäden um chronische Schäden handelte, welche die Bäume überlebten.

Wissenschaftler im Panikmodus

Schreckensszenarien wurden aber zu dieser Zeit nicht nur von Journalisten heraufbeschworen. Eine vom Bonner Innenministerium in Auftrag gegeben Studie prognostizierte, dass ohne Gegenmaßnahmen im Jahr 2002 praktisch kein Wald mehr existieren würde. Die meisten Wissenschaftler glaubten Mitte der 1980er-Jahre, dass es sich bei den beobachteten Nadel-Vergilbungen und Nadel-Ausfällen um neuartige Schäden handelte, die potenziell katastrophale Folgen haben könnten. Zweifel an der Existenz des Waldsterbens gab es kaum. So notierte der Geograph Wolfgang Zierhofer in seiner Studie über die Debatte um das Waldsterben in der Schweiz: »In meinen Quellen tritt kein einziger Wissenschaftler hervor, der in den Jahren 1982 oder 1983, als das Waldsterben als Problem naturwissenschaftlich geformt wurde, klar und deutlich darauf hingewiesen hätte, dass die verfügbaren Beobachtungen auch als ›Normalzustand‹ des Waldes interpretiert werden könnten.« Es gab in der Wissenschaft eine große Bereitschaft, dem Worst-Case-Szenario die größte Wahrscheinlichkeit zuzusprechen, vor allem in Deutschland. Selbst Skeptiker, die vor überzogenen Thesen warnten, zweifelten die generelle Diagnose, dass der Wald im Sterben begriffen war, nicht an. Das wirft die Frage auf, wieso sich die Idee des »Waldsterbens« in den 1980er-Jahren in der Wissenschaft so breit und kaum angefochten etablieren konnte.

Möglicherweise spielte hierfür die Unsicherheit der Waldschadensforscher eine wichtige Rolle. Die Ausrufung des Waldsterbens hatte das Spotlight auf Phänomene gerichtet, die vorher kaum beachtet worden waren: Der frühzeitige Verlust von Nadeln, als neuartig angesehene Rindenverletzungen, sowie das Herabhängen von Seitenzweigen bei Fichten, was als »Lamettasyndrom« bezeichnet wurde. Da diese Schäden bisher nicht systematisch untersucht worden waren, mussten erst einmal Methoden entwickelt werden, um die Schädigung zu quantifizieren. Im Jahr 1982 fanden erstmals systematische Analysen des Kronenzustandes statt, und versehen mit der »Waldsterbens-Brille« wurden diese Schäden, die wahrscheinlich schon vorher existiert hatten, als Beweis für die Waldsterbens-These gewertet. Ebenso unklar wie die Definition der Schäden war die Frage der Ursache. Gemeinhin wurde angenommen, dass Emissionen der Industrie die Ursache waren. Der u. a. von dem Wissenschaftler und späteren Grünen-Politiker Wilhelm Knabe postulierte Kausalzusammenhang zwischen Kronenverlichtung und Luftverschmutzung war aber spekulativ. Knabe hatte vermutet, dass Schadstoffe in der Luft dazu führten, dass Nadelbäume ihre Nadeln nicht erst nach sieben bis neun Jahren, sondern schon früher verloren. Einen Nachweis dafür gab es nicht.

Verständlicherweise konzentrierten sich daher die wissenschaftlichen Debatten in der ersten Phase erst einmal auf die möglichen Ursachen der beobachteten Schäden. Was genau schädigte den Wald? War es die Versauerung des Bodens, war es Luftverschmutzung, Pilzbefall oder gar elektromagnetische Strahlung? Oder war es der durch das Zusammenspiel all dieser Phänomene erzeugte Stress? Auf dem Höhepunkt der Debatte kursierten bis zu 200 verschiedene Hypothesen. Die Bundesregierung unterstützte die Ursachenforschung finanziell und trug damit zur Auffächerung der Debatte bei. Die grundsätzliche Frage, ob das Konzept des Waldsterbens den empirisch nachweisbaren Phänomenen überhaupt gerecht wurde, geriet dabei aus den Augen.

Zwar waren Forstwissenschaftler wie Peter Schütt und Wilhelm Knabe redlich genug zuzugeben, dass ein Kausalzusammenhang zwischen Umweltverschmutzung und Waldschäden nicht nachgewiesen werden konnte, gaben sich aber dennoch überzeugt, dass ein solcher bestand. Bücher wie »So stirbt der Wald« von Peter Schütt und Kollegen oder

IMAGO/Wolfgang Maria Weber 0145149473

Protest gegen das Waldsterben am Rande der Proteste gegen die Mitte der 1980er-Jahre geplante Wiederaufarbeitungsanlage für abgebrannte Brennstäbe in Wackersdorf.

»Die sterbenden Wälder« von Christof Bosch trugen dazu bei, das Waldsterben zum wissenschaftlich nachgewiesenen Fakt hochzustilisieren. Heute wissen wir, dass die Anfang der 1980er-Jahre durch Forstwissenschaftler aufgestellten Hypothesen eine Kombination von innovativer Wissenschaft und Spekulation waren. Professor Ulrich beispielsweise vertrat die damals hoch angesehene Ökosystem-Theorie und führte aufwändige Stoffstrom-Messungen in einem Waldgebiet durch. Aber er neigte auch zu kühnen Thesen. So wagte Ulrich angesichts der von ihm beobachteten Versauerung des Waldbodens die Prognose, dass der Wald durch »Säuresteppe, Heide und Moor« ersetzt würde, wenn sich nichts ändern würde.

picture-alliance/dpa,Wolfgang Thieme 2649726

Mit Plakaten und Mundschutz versammeln sich die Teilnehmer eines Schweigemarsches gegen das Waldsterben und die gesundheitliche Belastung durch Luftverschmutzung im Erzgebirge 1997 in Reitzenhain bei Annaberg-Buchholz.

Waldsterben als deutsches Problem

Während vergleichbare Waldschäden auch in anderen Regionen der Welt registriert wurden, gab es den Begriff des Waldsterbens offenbar nur im deutschsprachigen Raum. In anderen europäischen Ländern debattierten die Politiker zwar auch über das Problem des sauren Regens, und der französische Präsident Mitterand erklärte die Rettung der Wälder zu einer wichtigen Aufgabe. Aber einen eigenen Begriff gab es dafür nicht, und so hieß es in Frankreich »le waldsterben«. Das Waldsterben war zudem ein westdeutsches Diskursphänomen. Zeitgleich wurden auch in der DDR massive Schäden an Bäumen beobachtet: 1981 waren mehr als zehn Prozent des Waldbestandes geschädigt. Der extrem hohe Schadstoffausstoß der Kohlekraftwerke trug in der Folgezeit zu einer weiteren Verschlimmerung bei. 1989 war dem Umwelthistoriker Hermann Behrens zufolge mehr als die Hälfte des Waldes der DDR geschädigt, davon 16 Prozent stark oder mittel. Offiziell wurde das jedoch geleugnet. DDR-Umweltminister Hans Reichelt tat die bundesdeutsche Waldsterbensdebatte im März 1985 als »Manipulierung der Masse« durch die Medien ab. In einer Rede vor halleschen Studenten warf er bundesdeutschen Journalisten vor, »Hysterie und Ängste« zu schüren.

Da hatte er zwar nicht ganz Unrecht, aber der Übertreibung im Westen stand die Verleugnung im Osten gegenüber, was der Situation noch weniger angemessen war. Ironisch bemerkte der Historiker Tobias Huff, dass die Bundesrepublik auf diese Weise »die umweltmoralische Lufthoheit gegenüber der DDR« gewann. Die Bundesrepublik konnte sich als Initiatorin einer verantwortungsbewussten Umweltpolitik in Szene setzen. In den öffentlichen Auseinandersetzungen wurde, so die Historikerin Birgit Metzger, nicht nur die ökologische Krise, sondern

»auch das Selbstverständnis der Westdeutschen als moderne Industriegesellschaft und als Nation« verhandelt.

Um den wirklichen Wald ging es weniger, der »Wald« stand als Symbol stellvertretend für die gesamte Natur, aber auch als das kulturelle Symbol der Deutschen. Nicht zuletzt deshalb erklärte Bundeskanzler Helmut Kohl den »Kampf gegen das Waldsterben« im November 1984 zu einer »Aufgabe von nationalem Rang«. Die über das gesamte politische Spektrum reichende Integrationskraft des Themas sorgte bei der Bundestagswahl 1983 dafür, dass keineswegs nur die »Grünen«, sondern alle politischen Parteien das Thema aufgriffen. Auch Politiker von CDU/CSU, FDP und SPD überboten sich regelrecht in ihren Bekenntnissen zur Rettung des Waldes. »In der Waldsterbensdebatte, so scheint es, hatte der Wald erneut die Funktion einer soziale und politische Grenzen überschreitenden nationalen deutschen Gemeinschaftsstiftung«, schreibt Birgit Metzger.

Als die Bundesregierung den ersten Waldschadensbericht erstellen ließ, hätte eine nüchterne Auswertung konstatieren können, dass über 92 Prozent der Bäume gesund, sechs Prozent leicht und gerade einmal ein halbes Prozent schwer geschädigt waren. Stattdessen interpretierten viele Journalisten die Zahlen so, als wäre alles ganz schlimm. Dafür wurden teilweise sogar die Ergebnisse falsch wiedergegeben. So berichtete die »Welt« am 24. November 1982, dass acht Prozent des Waldes »schwer geschädigt« seien, tatsächlich waren weniger als 0,5 Prozent der Bäume schwer geschädigt.

Neben alarmistischen Übertreibungen wurden diverse Krankheits- und Kriegsmetaphern zur effektvollen Dramatisierung eingesetzt. So wurden Vergleiche zur Krebserkrankung hergestellt. Bisweilen war auch die Rede vom »unerklärten chemischen Krieg« gegen den Wald. Der Vorsitzende des BUND, Hubert Weinzierl, sagte im Februar 1983 wörtlich: »Wo weiterhin chemische Waffen gegen unsere Mitgeschöpfe eingesetzt werden oder wenn der Wald weiterhin in Gaskammern gesteckt wird, ist politischer Widerstand von Nöten.«

Entsprechend wurden bei Protesten dann Gasmasken getragen. Mit Verweis auf das Beispiel des Mittelmeerraumes beschwor Weinzierl zudem den drohenden Verfall der deutschen Kulturnation. Die hier anklingenden romantischen Ideen vom angeblich besonderen Verhältnis der Deutschen zum Wald nahmen Vorstellungen wieder auf, die bereits in der deutschen Heimatschutzbewegung um 1900 zentral gewesen waren. Auch die kontrastierende Gegenüberstellung von bedrohter Kultur und zerstörerischer Zivilisation, ein weiterer Topos konservativer Kulturkritik, fand sich in der Debatte wieder. Zugleich aber aktualisierten manche Akteure die traditionellen Begriffe in dem veränderten politischen Umfeld. So mahnte die linksalternative Umweltschutzorganisation »Robin Wood« im Jahr 1983 mit einem riesigen Transparent am Schloss Neuschwanstein »Rettet die Heimat«.

picture-alliance/Reinhard Kemmether 20994758

Als Bäume verkleidete Mitglieder der Umweltschutzorganisation Robin Wood schlagen mit großen Hämmern auf ein altes Auto ein. Mit dieser symbolischen Aktion protestieren sie 1989 in Nürnberg gegen das Waldsterben.

Die Gefährdung des Waldes war ein Thema, das wesentlich mehr Deutsche beunruhigte als die Atomkraft. Hatte ein Großteil der anti-AKW-Bewegung eher den Nimbus des politischen Radikalismus gehabt, verlagerte das »Waldsterben« die Sorge um die Umwelt in die Mitte der Gesellschaft. Umweltschutz wurde, wie der Umwelthistoriker Joachim Radkau schreibt, zu einer Art »deutscher Volksbewegung«. Nicht nur Umweltschützer, auch Politiker wie der CSU-Vorsitzende und bayrische Ministerpräsident Franz-Josef Strauß wollten den Wald retten. Konservative Waldbesitzer und alternative Kritiker der Großindustrie verfolgten das gleiche Ziel. So fanden sich zu einer »Aktionskonferenz gegen Sauren Regen und Waldsterben« im württembergischen Freudenstadt im Herbst 1983 ca. 700 Teilnehmer ein. Hier würde sich, schrieb die taz am 3. Oktober 1983, eine »große Koalition aus Pilzesammlern und Waldbesitzern, Förstern und Schornsteinbesetzern, AKW-Gegnern und Naturschützern, Adeligen und Autonomen« bilden.

picture-alliance/Rolf Haid 20994760

Etwa 5000 Demonstranten der »Initiative Schwarzwald« verlangen am 13. April 1985 in Freiburg »drastische Sofortmaßnahmen gegen das Waldsterben«, insbesondere verschärfte Bestimmungen zur Luftreinhaltung.

Kampagne »Rettet den Wald«: Briefmarke
der Deutschen Bundespost von 1985.

Parallel vereinte die wenig später vom BUND ins Leben
gerufene »Deutsche Aktionsgemeinschaft Kampf gegen das
Waldsterben« große traditionelle Naturschutzverbände zu
einem weiteren Bündnis, das viele regionale Aktionen durch-
führte. Es gab auch internationale Kontakte zu anderen Um-
weltgruppen in Europa und den USA, eine internationale Kon-
ferenz in Straßburg und gemeinsame Workcamps.

Wie weitreichend die Sorge um den Wald war, illustriert
auch die 1985 von der Bundespost produzierte Sonderbrief-
marke »Rettet den Wald«, die eine Uhr zeigte, auf der es nicht
5 vor 12, sondern drei vor 12 war. Hier kam die am Höhepunkt
der Waldsterbensdebatte verbreitete Vorstellung, man habe
nur noch wenig Zeit, zum Ausdruck.

Selbst CSU-Innenminister Friedrich Zimmermann sprach
1983 von einer angeblich »explosionsartigen Geschwindig-
keit«, mit der sich die Waldschäden ausbreiten würden.

Im Vergleich zur anti-AKW-Bewegung fällt allerdings auf,
dass das Mobilisierungspotenzial für Demonstrationen und
Kundgebungen deutlich geringer war. Zu einer der größten
Protestaktionen, die sich gegen den ohne Rauchgasentschwefelung geplanten Neubau eines Kraftwerks im niedersächsi-
schen Buschhaus richtete, kamen nach unterschiedlichen

Friedrich Zimmermann (CSU), Bundesminister des Innern, stellt am 20. Mai 1983 im Bundestag ein »Notprogramm gegen das Waldsterben« vor.

Angaben 4.000 bis 10.000 Menschen. Statt auf Masse setzte die Protestbewegung auf die Kraft symbolischer Aktionen. So wurden vor dem Innenministerium eine kranke Kiefer sowie mit Schwefel gefüllte Säckchen abgelegt. Im Schwarzwald kennzeichneten Studenten in einer so genannten »Kreuzigungsaktion« geschädigte Bäume mit weißen Kreuzen. 1983 wurde in einem Waldstück bei Freudenstadt für jeden Bundestagsabgeordneten ein Patenbaum ausgewiesen, mit der Aufforderung an die Parlamentarier, sich um den jeweiligen Baum persönlich zu kümmern.

Gegenmaßnahmen

Die insgesamt geringe Beteiligung an den Protesten dürfte nicht zuletzt eine Folge des schnellen Reagierens der Politik gewesen sein. Dass die bundesdeutschen Politiker das Problem so rasch angingen, lag daran, dass bereits in den 1970er-Jahren die institutionellen und mentalen Ressourcen vorhanden waren, um auf das Waldsterben zu reagieren. Das »Waldsterben« bot ein »Gelegenheitsfenster«, bereits in Arbeit befindliche Pläne zur Luftreinhaltung rasch durchzusetzen. Das Handlungskonzept lag sozusagen schon in der Schublade. So ist es auch zu erklären, dass die Reaktion der Politik sich auf die Luftreinhaltung beschränkte. Bereits am 1. September 1982 beschloss die sozialliberale Regierung eine Reduktion

Demonstration zum Thema Waldsterben im Hochschwarzwald 1986.

der Schwefeldioxidemissionen. Parallel wurde die Forschung gefördert. Zwischen 1982 und 1992 stellte die Bundesregierung 450 Mio DM für über 850 Forschungsprojekte zu den Ursachen des Waldsterbens zur Verfügung. Auf dem Höhepunkt der Debatte sorgte öffentlicher Druck für eine Verschärfung der Umweltrichtlinien. So wurden bei der Großfeuerungsanlagenverordnung von 1983 deutlich niedrigere Grenzwerte festgelegt als ursprünglich ins Auge gefasst, was eine drastische Senkung der Schwefelemissionen um 72 Prozent bewirkte. Bis Ende der 1980er-Jahre investierten Stromunternehmen über 14 Milliarden DM in den Bau von Entschwefelungsanlagen. 1982 hatten acht Prozent der großen Kohlekraftwerke eine Entschwefelungsanlage, nur sechs Jahre später waren es 90 Prozent.

Neben Schwefeldioxid, das vor allem bei der Kohleverbrennung entsteht, galten Stickoxide als zweite Hauptursache für das Waldsterben. Diese entstehen im Straßenverkehr. Damit bekam die Kritik an der Förderung des Autoverkehrs ein neues, starkes Argument, und die Bundesregierung beschloss auf dem Höhepunkt der Debatte im Jahr 1984 die Einführung von Katalysatoren. Anders als bei der Rauchgasentschwefelung gestaltete sich die Umsetzung aber wegen der Verzögerungstaktik der Autoindustrie sowie der Notwendigkeit einer europäischen Lösung schwieriger. Die Katalysatoren wurden erst Ende der 1980er-Jahre eingeführt, und ein ebenfalls gefordertes Tempolimit, das sofort eine drastische Reduzierung der Emissionen bewirkt hätte, kam in Deutschland, im Unterschied zu fast allen anderen europäischen Staaten, nie zustande. Infolge dessen blieben die Stickoxidemissionen im Verlauf der 1980er-Jahre etwa konstant, und sanken erst später leicht ab.

Die Wissenschaft rudert zurück

Bereits 1983 war anstelle des Begriffes des Waldsterbens die Bezeichnung »neuartige Waldschäden« eingeführt worden. Bald wurde auch das nicht mehr verwendet, nun hieß die übliche Formulierung: »Schädigung des Ökosystems Wald«. Manche Experten plädierten zudem dafür, die Definition dessen, was als Schaden angesehen wurde, zu überdenken.

Ende der 1980er-Jahre zeichnete sich immer deutlicher ab, dass der Wald wahrscheinlich gar nicht sterben würde, und damit erlosch das mediale Interesse am Thema. Keiner der Journalisten, die das Waldsterben zum Top-Thema gemacht hatten, sah sich bemüßigt, Entwarnung zu geben oder sich selbstkritisch mit den eigenen Übertreibungen auseinanderzusetzen. Stattdessen wurde in der Presse mit Verweis auf Waldschadens- bzw. Waldzustandsberichte betont, dass die Schäden zwar nicht zugenommen, aber auch nicht weniger geworden waren. Zwar wurde die These des Waldsterbens in Fachkreisen in den 1990er-Jahren nicht mehr vertreten, aber kaum ein Politiker, Unternehmer oder Umweltforscher hat sich öffentlich von der Idee distanziert.

Dabei hatte eine Mitte der 1990er-Jahre erstellte Studie unmissverständlich klargemacht, dass die These vom Waldsterben empirisch nicht haltbar war. Die neue Sichtweise, die eine Kehrtwende um 180 Grad bedeutete, resultierte vor allem daraus, dass eine andere Methode angewandt wurde: statt der subjektiven Beurteilung von Kronen-Verlichtung und Blattschäden wurden Baumumfang und Länge gemessen. Und es zeigte sich, dass die Bäume die ganze Zeit gut gewachsen waren. Der Umwelthistoriker Franz-Josef Brüggemeier fasst die Untersuchungsergebnisse wie folgt zusammen:»Im Einzelnen gab die Studie an, dass die Wachstumsbedingungen der

Wälder sich in den letzten Jahren nicht verschlechtert hätten, dass in den letzten 200 Jahren zu keinem Zeitpunkt so viele alte Bäume vorhanden gewesen seien wie heute und dass lediglich an Standorten, die außergewöhnlich stark belastet waren oder unter extremen Witterungsbedingungen litten, Rückgänge des Wachstums in ganz Europa zu verzeichnen seien.« Heute kann man mit einiger Sicherheit sagen, dass es ein »Waldsterben« im Wortsinne nie gegeben hat. Der Wald ist weder gestorben, noch war das Absterben der Wälder eine akute Gefahr. Theoretisch hätte die Erkenntnis, dass es sich bei der Angst vor dem Waldsterben um eine maßlose Übertreibung handelte, ein herber Rückschlag für die Umweltbewegung sein können. War es aber nicht. Der falsche Alarm ging keineswegs nach hinten los.

Vielleicht lag das daran, dass die Debatte dem Wald genutzt hat. Die taz brachte es 2015 mit der folgenden Schlagzeile trotzig auf den Punkt: »35 Jahre Waldsterben. Hysterie hilft«. Auch wenn es nie zu dem prognostizierten Kipp-Punkt kam, an dem das Ökosystem Wald kollabieren sollte, kamen die durch den medialen Hype bewirkten Maßnahmen doch dem Wald zugute. »Gewiss kann man davon ausgehen, dass es heute auch dann noch Wald in Deutschland geben würde, wenn die Debatte über das Waldsterben nie stattgefunden hätte, aber mit ähnlicher Sicherheit lässt sich vermuten, dass der Wald«, schreibt Jens Ivo Engels, »wesentlich schlechter dastehen würde«. Vor allem die drastische Senkung der Schwefeldioxidemissionen hatte zweifellos einen positiven Effekt auf den deutschen Wald. Auch Maßnahmen wie die seit den 1980er-Jahren betriebene Kalkung des Waldes könnten zur Begrenzung der befürchteten Schäden beigetragen haben. Jährlich waren etwa ein Prozent der Waldfläche mit Kalk behandelt worden.

Aus der Geschichte lernen?

Ausgelöst worden war die Debatte durch Forstwissenschaftler, die beunruhigende Beobachtungen machten. Wie wir heute wissen, waren die damals registrierten Schäden nicht unbedingt neu. Aber sie passten zu neuen Denkweisen, insbesondere zur Ökosystemtheorie. In deren Perspektive rückte der Wald als Ganzes in den Blickpunkt, nicht nur einzelne geschädigte Bäume. An die ganzheitliche Theorie wurden Spekulationen über einen abrupten Kollaps des Ökosystems gekoppelt, was zu übertrieben pessimistischen Prognosen führte. Die Medien übernahmen die Zuspitzung des Krisenszenarios. Die Diskrepanz zwischen dem vergleichsweise moderaten Problemdruck und der heftigen Debatte wirft vor allem ein Schlaglicht darauf, dass politische Entscheidungen oft nicht einfach eine Reaktion auf ein vorhandenes Problem sind, sondern sozial und kulturell vermittelt werden. Dass in der Bundesrepublik ein nationaler Konsens hinsichtlich des Kampfes gegen das Waldsterben zustande kam, hatte auch damit zu tun, dass der romantische Topos des deutschen Waldes revitalisiert wurde. Dass die Politiker prompt mit Maßnahmen zur Luftreinhaltung reagierten, geschah aber auch deshalb, weil diese Maßnahmen bereits in Planung waren und die Regelungen nun lediglich noch etwas verschärft werden mussten. Zudem ist wichtig zu sehen, dass die bundesdeutsche Politik generell auf das Vorsorgeprinzip setzte. Das bedeutet, dass allein schon Indizien und keine hundertprozentig gesicherten Beweise dafür, dass das Ökosystem Wald gefährdet war, Maßnahmen zur Eindämmung negativer Einwirkungen rechtfertigten.

Für die Umweltbewegung brachte die Auseinandersetzung um das Waldsterben Bestätigung und Ermutigung. Die

Diskussionen um das Ökosystem Wald sicherten den irreversiblen Aufstieg der»Grünen« und gaben der Umweltforschung wichtige Impulse. So übertrieben die Umweltängste waren, sie weckten das Bewusstsein weiter Teile der Bevölkerung für die vielfältige Bedeutung des Waldes für Wasserhaushalt, Klima, Artenvielfalt, Erholung.

Die Umweltbewegung sah sich bestätigt darin, so der Umwelthistoriker Frank Uekötter,»dass man mit populären Themen und eifriger Kampagnenarbeit auch mächtige Großunternehmen in die Knie zwingen konnte.« Und das alles, obwohl sich die von Umweltschützern beschworenen Szenarien gar nicht einstellten.

Möglicherweise ist das»Waldsterben« auch ein seltenes Beispiel dafür, dass man aus der Geschichte etwas lernen kann. Drei Aspekte sollen abschließend hervorgehoben werden:

Erstens muss die damalige Bereitschaft, mit der zahlreiche maßgebliche Wissenschaftler einer neuen, scheinbar einleuchtenden These Glauben schenkten, ohne diese mit der nötigen kritischen Sorgfalt zu hinterfragen, als Mahnung vor allzu naiver Wissenschaftsgläubigkeit verstanden werden. Bei aller Rückbindung an empirische Fakten ist die Wissenschaft immer auch ein Bereich, in dem Hypothesen aufgestellt, getestet und widerlegt werden können. Und es sind Menschen, die das tun, bei denen rationale und emotionale Beweggründe oft untrennbar miteinander verbunden sind. Das Waldsterben ist ein Paradebeispiel für das Ineinandergreifen von rationalen und irrationalen Elementen in der Wissenschaft.

Zentrale Bedeutung hatte dabei der fahrlässige Gebrauch des Kipp-Punkt-Modells. Die Idee, dass der Wald bei zunehmenden Schäden kollabieren würde, klingt einleuchtend, aber es ist schwer zu bestimmen, ab welchem Grad an Schädigung das Ökosystem Wald tatsächlich kollabiert. Das ist auch das Hauptproblem bei den derzeit heiß diskutierten, durch theoretische Modelle vorhergesagten Kipp-Punkten des Weltklimas. Auch hier gibt es in der Wissenschaft große Unsicherheiten hinsichtlich der Frage, wann bestimmte Entwicklungen zu einem Kollaps des gesamten Systems führen. Konsens besteht lediglich darin, dass so etwas nicht von heute auf morgen, sondern langfristig geschieht, wenn überhaupt. Der Rückblick auf das Waldsterben könnte also auch eine Warnung sein, verantwortungsvoll und sachlich mit Modellen umzugehen, die einen »Kollaps« eines Systems prognostizieren.

Drittens kann man vom »Waldsterben« lernen, dass die Mensch-Natur-Beziehung eine komplizierte Angelegenheit ist. Einerseits ist der Mensch in zunehmendem Maße verantwortlich für die natürliche Umwelt, die immer weniger einer Eigendynamik folgt und immer mehr durch menschliche Tätigkeit geformt wird. Andererseits ist jede punktuelle menschliche Intervention, ganz ähnlich wie jeder medizinische Eingriff in den menschlichen Körper, eine Störung des Ökosystems mit unvorhersehbaren Folgen. Was man also für die Zukunft mitnehmen könnte aus der Waldsterbens-Debatte, wäre, dass bei Prognosen hinsichtlich der Entwicklung von komplexen Systemen ebenso wie bei den technischen Interventionen immer ein gehöriges Maß »Feintuning« erforderlich ist, um übertriebene Endzeitängste ebenso zu vermeiden wie grobschlächtige Lösungs- und Steuerungsversuche, die neuen Schaden anrichten.

Literatur

Kenneth Anders/Frank Uekötter, Viel Lärm ums stille Sterben. Die Debatte über das Waldsterben in Deutschland, in: Frank Uekötter/Jens Hohensee (Hg.), Wird Kassandra heiser? Die Geschichte falscher Ökoalarme, Stuttgart 2004, 112–138

Hermann Behrens, Rückblicke auf den Umweltschutz in der DDR seit 1990, in: Institut für Umweltgeschichte und Regionalentwicklung (Hg.), Umweltschutz in der DDR, Bd. 1, München 2007, S. 1–40

Martin Bemmann, Beschädigte Vegetation und sterbender Wald. Zur Entstehung eines Umweltproblems in Deutschland 1893–1970, Göttingen 2012

Roderich von Detten (Hg.), Das Waldsterben. Rückblicke auf einen Ausnahmezustand, München 2013

Franz-Josef Brüggemeier, Das Waldsterben in den 1980er Jahren. Konstrukt, Mythos, Wirklichkeit, in: Haus der Geschichte Baden Württemberg (Hg.), »Erst stirbt die Natur...« Der Wandel des Umweltbewusstseins, Ubstadt-Weiher 2015, S. 151–169

Jens Ivo Engels, »Inkorporierung« und »Normalisierung« einer Protestbewegung am Beispiel der westdeutschen Umweltproteste in den 1980er Jahren, in: Mitteilungsblatt des Instituts für soziale Bewegungen 40 (2008), S. 81–100

Tobias Huff, Natur und Industrie im Sozialismus. Eine Umweltgeschichte der DDR, Göttingen 2015

Rudi Holzberger, Das sogenannte Waldsterben. Zur Karriere eines Klischees. Das Thema Wald im journalistischen Diskurs, Bergatreute 1995

Birgit Metzger, »Erst stirbt der Wald, dann du!« Das Waldsterben als westdeutsches Politikum (1978–1986), Frankfurt a. M. 2015

Joachim Radkau, Die Ära der Ökologie. Eine Weltgeschichte, München 2011

Roland Schäfer, »Lamettasyndrom« und »Säuresteppe«: Das Waldsterben und die Forstwissenschaft 1979–2007, Freiburg 2012

Frank Uekötter, Deutschland in Grün. Eine zwiespältige Erfolgsgeschichte, Göttingen 2015

Wolfgang Zierhofer, Umweltforschung und Öffentlichkeit. Das Waldsterben und die kommunikativen Leistungen von Wissenschaft und Massenmedien, Opladen/Wiesbaden 1998